ÉTUDES LÉGISLATIVES ET JUDICIAIRES.

IX

DE LA FAILLITE

dans ses rapports

AVEC LES DROITS ET PRÉROGATIVES

DE LA LÉGION-D'HONNEUR

Victrix causa Diis placuit, sed victa Catoni!
Luc. *Phars.*

ALGER
IMPRIMERIE DE A. BOURGET, RUE SAINTE, 2

Septembre 1860

Quand, mû par une pensée d'intérêt public, un *travailleur* intellectuel, — théologien, philosophe, savant, littérateur, jurisconsulte, artiste, etc., à quelque École qu'il appartienne, et si humble que soit son *travail*, — s'efforce de combattre une idée universellement reçue, de renverser des thèses depuis longtemps debout, de dire à des opinions entourées du double prestige de l'ancienneté, et de l'assentiment général : — « Vous n'êtes qu'illusion et erreur ! » — il faut, il faut absolument, que sous peine de passer pour un novateur téméraire, ou un rêveur insensé, ce travailleur se présente sur la scène du monde des esprits, les mains pleines de preuves, et l'âme libre de toute passion, autre que celle de la vérité péniblement trouvée, et généreusement communiquée à toute intelligence faite pour la connaître et pour l'aimer.

Cette réflexion nous est naturellement inspirée par le sujet que nous nous proposons de traiter.

Il est neuf, il est délicat, et, à bien des égards, il touche à des questions d'une haute importance ; car, suivant que vous l'examinerez sous un aspect étroit et vulgaire, ou bien, comme nous oserons le tenter, sous un aspect large, élevé. *inédit*, vous arriverez forcément à l'une de ces deux solutions contradictoires, et qui s'excluent mutuellement entre elles : — la suppression — ou la conservation d'un droit de vie ou de mort morale pour tout citoyen, et surtout pour tout Français, — du droit d'appartenir à la Légion *de* l'honneur, et d'en porter les glorieux insignes.

Aussi, disons-le bien haut, n'avons-nous rien avancé, rien

allégué, rien indiqué que préalablement, à plusieurs reprises, et d'après la méthode du sage Francklin, nous ne nous soyons assuré, en interrogeant, tour à tour, et notre conscience d'homme, et cette science du Droit à laquelle nous nous sommes pleinement consacré — que tout, dans notre thèse, principes, arguments, conclusions, tout respirait la bonne foi qui a présidé à la conception de cette Etude, la conviction qui nous l'a fait entreprendre, la vérité que nous croyons avoir découverte, ou, tout au moins, mise en lumière.

Cela dit, nous ne demandons qu'une chose : d'être lu comme nous avons écrit, et jugé comme nous avons pensé — sans préjugé, sans prévention, sans parti pris, — froidement, impartialement, sincèrement !

Nous n'avons pas eu le temps d'être plus court !

Comment acérer nos armes, quand nous avions à peine la faculté de nous en servir?

Alger, le 14 septembre 1860.

J. C. F.

DE LA FAILLITE

dans ses rapports

AVEC LES DROITS ET PRÉROGATIVES

DE LA LÉGION-D'HONNEUR

Posons tout d'abord la question, objet de cet opuscule.

Un membre de la Légion-d'Honneur, failli concordataire et non réhabilité, est-il déchu par le seul fait de sa faillite non encore suivie de réhabilitation, des droits et des prérogatives du Légionnaire ?

Cette question en soulève plusieurs autres :

Le droit de porter les insignes de la Légion-d'Honneur, est-ce un droit politique ou un droit civil ?

Faut-il être citoyen pour être légionnaire ?

Celui qui ne peut être ni électeur, ni éligible, peut-il être membre de la Légion-d'Honneur ?

Autant de questions qui, on s'en convaincra bientôt, se résument en une seule ;

La faillite suspend-elle la qualité de Légionnaire ?

Examinons-les l'une après l'autre, et cet examen nous fournira, je l'espère, la solution de la dernière.

Il s'agit ici d'une discussion purement juridique ; les textes avant tout, et ensuite, la combinaison de ces textes entr'eux, à l'aide des principes d'une saine interprétation, appliqués par le raisonnement et la logique, — tels doivent être les instruments d'une semblable discussion.

Mettons-les en œuvre !

I.

Des textes, des textes, puis encore des textes ! Voilà la base, l'unique et véritable base de toute dissertation sur une question de droit.

Nous parlons ici du droit *législaté*, codifié, soumis à des formules que le législateur français appelle *articles* de loi, d'un de ces mots non moins exacts que pittoresques, qui peignent tout à la fois les idées et les choses.

Des textes ! — Ils sont d'autant plus nécessaires que le problème à résoudre, et c'est notre cas, tient en même temps du droit civil, du droit politique et du droit pénal.

D'où la conséquence que la solution de notre question doit résulter, entr'autres choses, d'un texte clair, précis, formel, non équivoque, topique.

Si le texte n'existe pas, ou s'il prête le flanc à des interprétations diverses et incertaines, affirmez, sans hésiter, qu'elle ne peut être *certainement* résolue, ou, ce qui est la même chose, qu'elle doit l'être *négativement*.

C'est là un principe incontestable et incontesté.

Suivons ce fil conducteur à travers les détours de cette discussion — Il nous conduira infailliblement au but que nous voulons atteindre.

Quel texte invoque-t-on pour soutenir l'affirmative ?

L'art. 5 de la Constitution du 22 frimaire an VIII (3 décembre 1799), ainsi conçu : « l'exercice des droits de citoyen français est suspendu par l'état de débiteur failli. »

Or, ajoute-t-on, — d'une part, l'art 7 du Code Napoléon renvoie à la constitution de l'an VIII pour tout ce qui concerne l'acquisition, la conservation, la perte et par suite la suspension de la qualité de citoyen, — d'autre part, le décret du 22 mars 1852, déclare dans ses articles 38 et 39 que la qualité de membre de la Légion-d'Honneur se perd ou est suspendue par les mêmes causes que celles qui font perdre ou suspendre la qualité et les droits de citoyen français.

Donc, et c'est là une conséquence irrésistible, donc l'état de failli, suspendant l'exercice des droits de citoyen français, suspend aussi les droits de Légionnaire.

Pouvez-vous échapper aux étreintes de ce syllogisme ?

—Non ! si sa majeure est vraie — Oui ! si elle est fausse, et c'est ce que nous prétendons.

Nous nions énergiquement que l'art. 5 de la Constitution précitée soit applicable *dans l'espèce*.

Nous le nions au fond et en la forme.

Au fond,

Parce que cette constitution n'a pas parlé du failli concordataire ;

En la forme,

Parce que cette constitution est abrogée,

Parce qu'en supposant qu'elle ne le soit pas, son art. 5 l'est sans aucun doute,

Parce qu'en admettant que ni cet article, ni la constitution elle-même ne soit abrogée, ni l'un ni l'autre ne pourrait, en l'état de la législation actuelle sur la Légion-d'Honneur, avoir pour effet de priver le Légionnaire de ses droits et prérogatives.

Nous ne nous dissimulons pas qu'aux yeux de plusieurs magistrats et jurisconsultes, ces quatre propositions paraitront peut-être insoutenables, inouïes, absurdes.

Pour nous, nous ne craignons pas d'affirmer le contraire.

Mais il ne suffit pas de l'affirmer.

Nous croyons pouvoir le prouver.

Qu'on en juge !

Avant tout, un mot sur cette Constitution de l'an VIII, base de l'argumentation de nos adversaires.

Qu'est-ce donc que la Constitution de l'an VIII ?

Elle est, qu'on nous permette cette expression, elle est la Charte du Consulat. — Née en 1791, elle vécut ce que vécurent plusieurs de ses aînées, — un court espace de temps, l'espace de trois ans, absorbée qu'elle fut par celle de l'an X (4 août 1802).

On sait ce qu'en pensait un éminent publiciste, profondément versé dans l'étude de notre droit constitutionnel (1); — nous n'avons pas à nous en occuper. Elle fut un instant la constitution de la France. — C'est assez pour que nous l'acceptions comme telle.

Mais que statuait-elle sur l'état et la qualité de citoyen français ?

Reproduisant presque littéralement certaines dispositions de ses devancières, et notamment de la Constitution du 14 septembre 1791, elle voulut que l'état de débiteur failli entraînât la suspension de l'exercice des droits de citoyen français.

Qu'est-ce à dire ?

Suivant les adversaires de la négative de notre question, ce texte est une forteresse inexpugnable contre laquelle doivent nécessairement s'émousser tous les traits de notre impuissante argumentation.

Nous confessons, (pour continuer leur stratégique métaphore) qu'en la voyant *flanquée* des nombreux bastions de la doctrine et même de la jurisprudence contraires à notre opinion, nous avons failli croire nous-même à sa réalité. — Mais nous nous hâtons d'ajouter qu'à mesure que nous nous en sommes approché, le fantôme a disparu, et que nous sommes resté en présence d'un trompeur mirage dont nous avons dû dire avec le Fabuliste :

De loin, c'est quelque chose, et de près, *presque* rien.

(1) Benjamin Constant, *Cours de Politique constitutionnelle,* t. I, p. 87.

« L'état de débiteur failli, » etc. !

Mais qu'entend la Constitution par ce mot ?

Veut-elle ne parler que du failli pur et simple, qui a cessé ses paiements, mais à qui on ne peut reprocher — ou imputer — ni avant, ni pendant, ni après cette cessation de paiement, aucun acte, ni même aucun soupçon, aucune apparence de fraude, de dol, de dissimulation ou de mauvaise foi ?

Nous en doutons, et notre raison d'en douter, nous la puisons, et dans l'acception vulgaire, commune, de ce mot, et dans l'emploi qu'en a fait le législateur français avant le Code de 1807.

Alors comme aujourd'hui, et plus encore qu'aujourd'hui, ce mot désignait indistinctement et le *failli* proprement dit, et le banqueroutier *simple*, et le banqueroutier *frauduleux*.

Et ne nous en étonnons pas ! Qui ne connaît la sévérité draconienne de notre ancien Droit et de notre Droit intermédiaire contre les faillis en général, et les banqueroutiers en particulier ? Eh bien ! cette sévérité n'était plus dans nos lois qu'elle était encore dans l'opinion et dans les mœurs, et le nom de failli était à lui seul, une flétrissure et une honte.

Entre plusieurs exemples, choisissons-en un dans une loi rapprochée de la Constitution de l'an VIII, — dans la loi des 22 décembre 1789 et janvier 1790. — Cette loi ordonne qu'aucun *banqueroutier*, *failli* ou *débiteur insolvable*, ne pourra être admis dans les assemblées primaires, etc.

Et notez que s'il nous était permis de remonter plus haut, nous trouverions la preuve de notre assertion dans les ordonnances des 10 octobre 1536 et de 1673. Dans ces documents, tout comme dans leurs commentaires contemporains, faillite ou banqueroute étaient ordinairement synonymes (1).

Sans doute, le législateur semble quelquefois distinguer entre la faillite *pure et simple*, et la faillite *en fraude* ! Mais cette distinction, résultant de textes épars çà et là dans diverses

____

(1) V. ord. de 1673, tit. XI, art. 1er.

ordonnances, ne paraît pas être passée d'une manière tranchée, dans la doctrine de nos anciens auteurs, — si bien qu'il était réservé au législateur de 1807 de la poser nettement, solennellement, dans notre Code de commerce.

Mais quand même cette distinction qui, il faut le reconnaître, tient à la nature même des choses, — rien ne différant plus d'un fait fatal, ou tout au moins involontaire, tel que la faillite, comme un fait volontaire et frauduleux, tel que la banqueroute, — quand même cette distinction se retrouverait dans notre ancien droit, que faudrait-il en conclure ?

Que le mot failli n'a pas toujours signifié banqueroutier ?

Je vous l'accorde, — mais de votre côté, vous m'accorderez bien qu'un doute, et un doute sérieux peut s'élever sur le sens de ce mot dans l'art. 5 de la Constitution de l'an VIII ! Or, pour le moment, je ne vous demande rien de plus.

Mais allons plus loin — De quel failli entend parler cet article ? Est-ce du failli concordataire, ou du failli non concordataire ?

Il ne distingue pas ! nous répondrez-vous. Peu importe donc qu'il soit concordataire ou non ! *ubi lex non distinguit*, etc.

Singulière façon de raisonner ou plutôt d'argumenter !

Nous nous défions, en général, de toute argumentation qui ne repose que sur de triviaux brocards de droit.

Les véritables règles de droit sont-elles autre chose que les maximes de la raison ?

Et qu'est-ce que le droit, si ce n'est la raison elle-même réglant les rapports juridiques des hommes entr'eux ?

Et ne nous dites que la loi ne distingue pas entre le failli qui a concordé, et celui qui n'a pas concordé ! — La raison s'est chargée de faire la distinction. — Quoi ! vous voulez assimiler, vous pourriez penser que le législateur a voulu assimiler deux positions aussi différentes que celle du failli concordataire et du failli unionnaire, d'un débiteur que ses créanciers réputent malheureux et de bonne foi, et d'un débiteur sur qui ses créanciers laissent planer un soupçon de fraude et d'improbité ? Autant vaudrait dire qu'une patente nette équivaut à une patente brute et que l'homme qui conserve la confiance de ses semblables ne diffère pas essentiellement de l'homme qui la perd !

Non, la Constitution de l'an VIII n'a pas parlé, n'a pas pu parler de tout débiteur failli, sans distinction ! — Elle n'a voulu qu'une chose : frapper d'incapacité civique le banqueroutier, et peut-être le failli non concordataire, alors que le défaut de concordat serait de nature à incriminer sa conduite de mauvaise foi, et à l'assimiler, jusqu'à un certain point, au banqueroutier lui-même.

Mais que parlons-nous de concordat et d'union ? Existait-il rien de semblable dans la législation commerciale en vigueur sous l'empire de la Constitution de l'an VIII ?

Il y avait les contrats d'attermoiement, sorte de réglements intervenant entre les créanciers et leur débiteur, et soumis, comme notre concordat, à l'homologation des juges-consuls. — Mais voilà tout ! — Ce contrat, n'était ni précédé, ni accompagné, ni suivi de ces formes protectrices dont le code de 1807 et surtout la loi de 1838 ont si bien entouré le concordat, pour en écarter toute manœuvre frauduleuse, soit de la part du débiteur, soit de la part de ses créanciers, que tout d'abord, œuvre de la volonté privée du débiteur et de ses créanciers, elle devient plus tard l'œuvre de la puissance publique, l'œuvre de la justice. —

Et cependant, impossible de le nier, le failli qui obtenait ce contrat d'attermoiement, différait tout autant de celui qui ne l'obtenait pas, que le failli à qui avaient été accordées des *lettres de répit* différait de celui à qui ces lettres avaient été refusées. — Comme le failli concordataire, il échappait aux conséquences morales et légales d'un état de faillite non suivi d'un arrangement entre lui et ses créanciers ; comme lui aussi, mais dans une plus étroite mesure, son honneur restait sain et sauf.

Quoiqu'il en soit, et c'est là tout ce qu'il nous importait de prouver, — même à en juger par l'ancien droit empreint à l'égard des faillis d'un esprit de rigueur excessive qu'a dépouillé le droit moderne, il est douteux que la Constitution de l'an VIII ait enveloppé, dans la même réprobation civique, le failli *absous* par les résolutions des créanciers, ses premiers et meilleurs juges — et celui qu'avaient *condamné* ces mêmes *résolutions* (1).

Or, qu'on le remarque bien, ce que nous pouvons juridiquement conjecturer de l'ancien droit, nous pouvons, nous devons même l'affirmer sans crainte du droit nouveau ! — Ce droit, que nous nous reportions au Code de commerce de 1807, ou à la loi de 1838, non seulement n'a pas dérogé à la législation antérieure concernant les faillites, mais, si j'ose le dire, elle l'a confirmée, en effaçant toute obscurité terminologique dans les dispositions de la loi, et en établissant nettement l'infranchissable ligne de démarcation qui sépare le failli du banqueroutier, le failli concordataire du failli qui n'a pas concordé.

Tenons donc pour certain que, ni de l'ancien ni du nouveau droit, il ne résulte clairement que le failli, par cela seul qu'il était failli, et alors même qu'il était failli concordataire, ait été, en vertu de la Constitution de l'an VIII, ou soit aujourd'hui suspendu de l'exercice des droits de citoyen.

Nous pourrions nous arrêter là. — Si, la raison qui, sur ce point, n'est d'ailleurs nullement contredite par le *silence* de la loi, veut que le concordat soustraye le failli à la suspension civique qui peut rigoureusement frapper le failli non encore concordataire, évidemment on ne pourrait, sans violer les lois de la logique, appliquer au Légionnaire failli, mais qui a concordé, ni la Constitution de l'an VIII, ni le décret du 22 mars 1852, que nos adversaires rattachent à cette Constitution, et expliquent par elle.

Mais il y a mieux ! — Dans plusieurs circonstances, le Lé-

(1) V. ord. de 1673 précitée.

gislateur, tant Français qu'Algérien, a manifestement déclaré que le failli concordataire, dès là qu'il était concordataire, n'était plus sous le coup de la Constitution de l'an VIII.

Qu'on consulte, pour s'en convaincre, la loi électorale de 1848, l'arrêté du Gouverneur-Général du 12 octobre même année, et le décret du 15 mars 1849, sur lesquels nous reviendrons plus tard ! — En faut-il davantage pour démontrer que jamais, et surtout depuis cette loi et ce décret, l'art. 5 de cette Constitution n'a pu être appliquée au Légionnaire tombé en faillite, mais à certains égards, relevé de cet état, disons le mot, de ce *malheur*, par un concordat ?

Pour qu'il en fût autrement, savez-vous ce qu'il faudrait ? Il faudrait que la Constitution de l'an VIII eût formellement déclaré que le failli encourait la suspension de ses droits de citoyen, dans tous les cas, comme conséquence nécessaire de son état de faillite et à toutes les phases de la faillite, avant comme après, toutes *résolutions*, contrat d'attermoiement ou concordat. Or, elle n'a rien dit de ces résolutions ou contrats. — Quant au concordat, elle ne pouvait rien en dire, l'ordonnance de 1673 n'en ayant pas parlé !

À tout ce qui précède, que peut-on opposer ? — nous l'avons vu, — un adage de droit que combattent la raison et le bon sens, — et un argument *à silentio*, qui ne peut résister à des arguments puisés dans la nature des choses et les législations comparées de la faillite avant et depuis la Constitution de l'an VIII.

N'avions-nous donc pas raison de soutenir que cette Constitution n'était pas au fond applicable à notre espèce ?

Mais persistez-vous à vouloir qu'elle le soit ? Nous vous le concédons par hypothèse.

Eh ? bien, en la forme, nous en repoussons également l'application, et cela par deux fins de non recevoir péremptoires.

Votre Constitution est abrogée en entier.

Ne le fût-elle qu'en partie, elle le serait dans son article 5.

Hâtons-nous de le démontrer.

II

Oui, elle est en entier abrogée.

Eh ! comment ne le serait-elle pas ?

Elle l'a été d'abord par le temps, ce *Warwick* des Constitutions comme de toutes choses humaines, — qui les fait et les défait à son gré.

Combien d'autres constitutions ou chartes ne l'ont-elles pas remplacée ?

Comptons !

Constitution du 16 thermidor an X,

Constitution du 9 avril 1814,

Charte de 1812,

Charte de 1830,

Constitution de 1848,

Constitution de 1851,

Deux chartes et quatre constitutions en moins de 70 ans !

Nous les avons toutes lues et relues !

Eh ! bien, nous défions l'esprit le plus attentif et le plus méticuleux d'y trouver un seul article, une seule ligne, un seul mot qui consacre, ou même qui mentionne directement ou indirectement la Constitution de l'an VIII.

C'est tout simple ! Comment une Constitution nouvelle consacrerait-elle une Constitution ancienne, — l'une ne pouvant être qu'à la condition que l'autre ne sera pas ?

— Très-bien ! s'il s'agissait pour la première de maintenir la seconde en entier ; mais la question n'est pas là ! — Il s'agit de savoir si le titre VI de celle-là, et spécialement l'article 5 de ce titre, est ou non encore en vigueur aujourd'hui.

Or, quel est le texte des constitutions ou chartes postérieures qui contienne à cet égard, je ne dirai pas une disposition expresse, mais même une simple allusion ?

Cherchez, cherchez encore, vous ne l'y rencontrerez nulle part !

Ici nous sommes en présence de deux objections formidables..... en apparence.

Abordons-les hardiment.

On nous oppose l'art. 7 du Code Napoléon et les dispositions transitoires de la plupart des constitutions ou chartes qui ont suivi la Constitution de l'an VIII. — Il est vrai que l'art 7 de notre Code civil renvoie à *la loi constitutionnelle* pour tout ce qui touche à la question et à la conservation de la qualité de citoyen.

Mais faut-il en conclure que cet article 7 ayant été édicté sous l'empire de la Constitution de l'an VIII, les dispositions de cette Constitution relatives à la perte et la suspension de la qualité de citoyen, sont formellement consacrées par ce même article et ne peuvent être abrogées qu'avec cet article ?

Raisonner ainsi, ce serait lier à perpétuité le maintien d'une disposition constitutionnelle à celui d'une disposition toute civile, d'une disposition trop souvent transitoire, nous allions dire provisoire et de courte durée, à une disposition destinée par sa nature à survivre à tous pactes constitutionnels, constitution, sénatus-consulte, charte, décret, etc.

Le Code civil, notre histoire depuis soixante ans ne le prouve que trop, est resté, et devait rester, parmi nous, une loi, en quelque sorte, immobile et immuable, tandis que notre code politique a changé et devait changer avec les pouvoirs politiques qui ont régi la France depuis sa promulgation.

Et c'est là, n'en doutons pas, ce que pressentait et ce qu'a exprimé le législateur de 1804, lorsque, d'une part, il a proclamé que les droits politiques du citoyen étaient indépendants de ses droits civils, et que, d'autre part, pour le règlement de tout ce qui concerne les premiers, il s'e.t adressé à la Constitution de l'an VIII — en tant que code politique ? — non certes ! mais, ce qui est bien différent, à la loi constitutionelle, en général... de l'an VIII ? sans doute, puisque lors de la rédaction du Code civil, la France n'avait pas d'autre loi constitutionnelle, — mais aussi de toute loi constitutionnelle postérieure, quel que soit son nom, Charte ou Constitution !

C'est comme s'il avait dit : le Code civil, voilà le soleil ; le Code politique, voilà son satellite !

Ne nous dites donc plus que notre article 7 suppose la permanente application de l'article 5 de la Constitution consulaire ! — Oui — si telle était encore aujourd'hui notre loi constitutionnelle. — Non, mille fois non, puisque nous en avons une autre !

— Mais aucun texte n'a abrogé cette constitution !

Et depuis quand un texte peut-il seul abroger un texte ! La doctrine, cette fois, pleinement d'accord avec la raison et la loi, ne vous enseigne-t-elle pas deux sortes d'abrogations légales, — l'abrogation *expresse* et l'abrogation *tacite*, — l'une qui désigne précisément, *nominativement*, — la loi abrogée, — l'autre qui se déduit par voie interprétative, d'une loi nouvelle, inconciliable ou incompatible avec une loi ancienne, — ou bien avec une loi tombée en désuétude.

Dès-lors, que nous importent vos dispositions générales et transitoires, si commodes pour le Souverain, si obscures et si énigmatiques pour les Sujets ?

Vous aurez beau nous dire avec la Charte de 1814, que le Code civil et les lois actuellement en vigueur, qui ne sont pas contraires à la présente Charte, seront maintenues, — ou avec la charte de 1840, que les lois et ordonnances antérieures sont abrogées en ce qu'elles ont de contraire à cette Charte !

On vous répondra toujours : prouvez que l'article 5 de la Constitution de l'an VIII n'est contraire ni à telle Charte, ni à telle autre ; et au cas où vous feriez cette preuve, prouvez encore qu'il n'est pas frappé de désuétude.

Ce n'est pas tout ! — Avez-vous prouvé ces deux choses ? il vous reste à en prouver une troisième : — c'est que les

Constitutions de 1848 et de 1852 n'ont pas touché à votre article 5.

Or, pour ne parler que de cette dernière, — écoutons son article 50 : « Les dispositions des codes, lois et réglements existants, qui ne sont pas contraires à la présente constitution, restent en vigueur jusqu'à ce qu'il y soit légalement dérogé. »

Vous l'entendez ! — les codes, non, moins encore, les dispositions (particulières) des codes, lois et réglements !

Et les chartes, les constitutions, et spécialement la Constitution de l'an VIII? — Il n'en est pas question. Donc, ni en partie, ni pour le tout, elle ne reste en vigueur, — donc, qu'elle soit contraire ou conforme à la nouvelle Constitution, celle-ci l'efface, la supplante, la remplace, l'abroge, de même que les Chartes de 1814 et 1830. — Donc encore, la *loi constitutionnelle* actuelle de l'art. 7 du Code civil, ce n'est plus la Constitution de l'an VIII, c'est la Constitution de 1852?

Battus sur ce point, nos adversaires se réfugieront sans doute derrière un dernier et suprême retranchement.

Ils nous diront : Mais où est donc, si ce n'est dans la Constitution de l'an VIII, la loi qui règle la qualité du citoyen français ? — Faut-il bien que vous la preniez où nous la trouvons ?

Expliquons-nous, une fois pour toutes, sur cette qualité de citoyen.

Qui est citoyen français ? tout Français, majeur de 21 ans, jouissant de ses droits civils et politiques.

Qui dit cela ? Est-ce la Constitution de l'an VIII, assurément ! Mais, c'est aussi la Constitution de 1852 !

Mais quels sont les Français qui jouissent de leurs droits civils et politiques, ou plus exactement qui les exercent ?

La Constitution de l'an VIII les indique, mais le Code civil, mais surtout les art. 15 et 16 du décret électoral de 1852, les énumèrent, et c'est là seulement qu'on doit les chercher aujourd'hui.

Répliquerez-vous que votre Constitution renferme le germe de toute notre législation à ce sujet ?

Soit ! Mais prenez garde ! Je puis en dire autant de sa mère et même de son aïeule. — Et d'ailleurs, il s'agit bien de cela !

Est-il vrai, oui ou non, que tel qu'il est, en dehors et abstraction faite de la Constitution de l'an VIII, notre système actuel de législation *civique*, se suffit à lui-même? Si oui, cette Constitution n'a plus qu'une valeur historique ; on peut la consulter, on ne doit plus l'appliquer !

Or, telle est la question, et nous venons de voir que l'affirmative est certaine.

En effet, pourquoi le législateur moderne eut-il précisé avec tant de soin qui pourrait élire ou être élu en matière de représentation nationale ou municipale, s'il lui avait suffi de dire avec la Constitution de l'an VIII que le droit d'élection ou d'éligibilité appartenait à quiconque n'était ni privé ni suspendu de l'exercice des droits de citoyen ?

Et puis, ceci est digne de remarque, la législation de 1852 ne comprend pas indistinctement dans ses exclusions du droit électoral, les individus mentionnés dans l'art. 5 de la Constitution circulaire, — il en mentionne plusieurs autres, et cependant, à la différence de cette Constitution, et bien qu'elle parle du failli, elle se tait et sur l'héritier direct du failli et sur les domestiques à gages, et sur les contumaces dont parlait cette Constitution !

Pouvait-il plus clairement non seulement remplacer, mais encore *modifier*, étendre, et restreindre la Constitution de l'an VIII? Et encore, ne devons-nous insister que sur ces modifications touchant l'exercice des droits civiques ! Que serait-ce, si nous notions les mille autres modifications plus ou moins fondamentales qui lui ont été apportées par la Constitution de 1852 !

Proclamons-le donc hautement ! Une Constitution ainsi remplacée, aussi modifiée, est plus qu'abrogée tacitement ou par désuétude ; elle l'est expressément quoiqu'indirectement : elle l'est par la nature et la force des choses.

Savez-vous ce qu'elle est pour nous votre Constitution ? Ce qu'était pour les Romains leur loi des Douze Tables, ce qu'est pour les Anglais la Grande Charte de Jean-sans-Terre : — Un souvenir respectable, et si vous y tenez, vénérable et sacré (1). — Rien de plus !

Une dernière observation sur la prétendue applicabilité, en matière de droits civiques, de cette trop fameuse Constitution.

Tout le monde connaît les lois électorales de 1848 et 1849. Dans ces lois aussi, on parle de faillis, — mais n'allez point croire qu'on ne distingue pas entr'eux. — Les faillis concordataires seuls, indépendamment de toute réhabilitation, peuvent être électeurs, c'est-à-dire, exercent la plénitude de leurs droits politiques.

Je n'ignore pas que la loi de 1850, confirmée par le décret organique du 20 février 1852, frappe d'indignité électorale, les faillis non réhabilités.

Mais qu'est-ce que cela prouve ? sinon que nécessairement modifié en sens contraire, dans le court espace de quatre années, tantôt par voie d'extension, tantôt par voie de restriction, l'article 5 de la Constitution de l'an VIII a été forcément, logiquement, réellement absorbé, abrogé, remplacé par la nouvelle législation.

En avons-nous dit assez pour démolir pierre par pierre ce vieil édifice de soixante-et-un ans ?

Qu'il n'en soit plus question ! Nous en avons fait table rase.

L'histoire nous apprend que l'infortuné Cinq-Mars fut décapité en 1642, en vertu d'un édit oublié de 1474.

____

(1) *Sacré* à la manière des vers de Lefranc de Pompignan dont Voltaire a dit malignement, mais injustement :

Sacrés ils sont : car personne n'y touche.

Appliquez au Légionnaire failli la Constitution de l'an VIII !
vous procéderez contre lui, *mutatis mutandis*, comme le puissant Richelieu contre l'ex-favori du faible Louis XIII !

Et maintenant, à l'argument tiré contre notre thèse des articles 38 et 39 du décret présidentiel du 22 mars 1852, et qui consiste à dire que ces articles se réfèrent à l'article 5 de la Constitution consulaire, ferons-nous l'honneur d'une réfutation, même sommaire ?

D'après nos adversaires, ces articles ne sont que le corollaire et la répétition de l'article 5, tant de fois cité. — Mais dès l'instant que le principe est détruit, que devient la conséquence ? — *Sublatâ causâ, tollitur effectus.*

Insistera-t-on ? Prétendra-t-on que ce décret, s'il ne doit pas être interprété par la Constitution de l'an VIII, n'a et ne peut avoir aucun sens ?

Ceci nous amène à la dernière partie de notre travail.

III

Laissons de côté, si l'on veut, et l'inapplicabilité au fond et en la forme de la Constitution du Consulat, et les conséquences que nous en avons déduites !

Nous maintenons que la législation actuellement en vigueur, réglant tout ce qui a trait aux droits civiques des Français, c'est par elle seule que notre question doit être résolue, et qu'ainsi les deux articles du décret précité, qui veulent que la qualité de Membre de la Légion-d'Honneur se perde, et que l'exercice de ses droits et des prérogatives soit suspendu par les mêmes causes que celles qui font perdre la qualité ou suspendent les droits de citoyen français, doivent s'expliquer, non par une législation atteinte de vétusté, mais bien par la législation contemporaine.

Qu'est-ce qui fait perdre la qualité de citoyen français, ou suspend l'exercice de ses droits ?

Nous pourrions invoquer ce que nous avons dit plus haut du Code Napoléon, des lois électorales, et particulièrement le décret du 21 février 1831.

Ces code, lois et décret énumèrent tous ceux qu'ils mettent sous le coup de la privation ou de la suspension tant de la jouissance que de l'exercice de leurs droits civils et politiques ou civiques. — L'énumération est longue et complète ; impossible d'y rien ajouter, impossible d'en rien retrancher.

— Fort bien ! répondez-vous. Mais oubliez-vous donc que le n° 17 de l'art. 13 de ce décret, déclare indigne de l'électorat le failli non réhabilité; que conséquemment ce failli ne jouit pas de ses droits civils et politiques, qu'il en encourt la suspension, que dès-lors il ne saurait échapper à la *peine* portée par les art, 38 et 39 du décret organique de la Légion-d'Honneur?

Pour trop prouver contre nous, on ne prouve pas assez ! Sans doute, le failli non réhabilité est privé de la jouissance et de l'exercice de certains droits avis, au regard de sa capacité civile et commerciale ! — Le Code de commerce, vous le dit. — Sans doute encore l'état de failli non réhabilité, entraîne suspension du droit *politique* ou *civique* de l'électorat ! Le décret de 1831, vous le déclare expressément. Mais songez donc que de là à conclure qu'il suspend tous ses droits politiques ou civils, bref, tous ses droits de membre de la société civile et politique, et entr'autres, celui de Légionnaire, il y a la distance qui sépare la partie du tout, il y a une immensité !

— Que le failli non réhabilité ne soit pas électeur, je le conçois difficilement, mais je suis obligé de l'admettre ! *lex est*! Mais que par cela seul, s'il est Légionnaire, il cesse de l'être, voilà ce que je ne concevrai jamais ! ma raison y répugne et la loi n'en dit rien !

Non, la loi n'en dit rien, et puisque, vous en convenez vous-même, le décret organisateur de la Légion-d'Honneur prononce une *peine* contre le légionnaire qui perd pour toujours ou momentanément ses droits de citoyen, concluez avec nous, la logique l'exige et l'interprétation juridique nous en impose le devoir, concluez avec nous que rien ne vous autorise à parler pour la loi ! — *Odia restringenda !*

Eh ! bien, oui, le Légionnaire failli, s'il n'est pas réhabilité, sera déchu des droits et prérogatives de Légionnaire ! — Mais voyez ce qui adviendra !

Failli sans fraude, car nous ne parlons que de celui-là, failli sans fraude, et par conséquent, malheureux et non coupable, notre Légionnaire sera frappé dans son honneur, il en perdra les insignes, — il cessera d'être *honorable*, il cessera d'être *honoré* ! vous l'assimilerez ainsi dans l'opinion publique à l'homme qui a violé les lois de l'*honneur*, vous le dégraderez, vous le *déshonorerez*, et, courbé déjà sous le joug du malheur, vous le courberez encore sous le poids d'une sorte d'infamie ! — Est-ce logique? est-ce moral ?

Mais par cela même qu'il est failli, il est suspect de fraude et de mauvaise foi (1)! — Parle-t-on sérieusement? — Passe pour le failli qui n'a pas concordé. — Mais le failli concordataire, — mais le failli dont le concordat a victorieusement subi l'épreuve de l'homologation, — mais le failli enfin à qui la justice a accordé un bill d'indemnité et d'innocence, quoi? ce failli, vous le suspecterez de mauvaise foi et de fraude ! — Ah ! plutôt, ramenez-nous, de grâce, à la loi des *suspects* !

Est-ce tout ? Eh ! que déciderez-vous, grand Dieu ! si, pendant qu'il est encore failli sans réhabilitation, il se rend digne, par une de ces actions d'éclat qui sont comme l'auréole du mérite civil, d'illuminer sa poitrine de l'étoile de l'honneur ? Oserez-vous soutenir qu'il n'aura pas le droit de

____

(1) Foucard, *Droit administratif.*

la porter? — Non, vous ne l'oserez pas ! — Et c'est pourtant ce que veut votre principe ! — Cela, il est vrai, est logique, trop logique, hélas ! Mais est-ce moral ?

Résumons-nous. Si jamais question dut être résolue par la négative, c'est celle qui figure en tête de ce travail.

Sous quelque rapport qu'on l'envisage, cette solution est aussi inévitable que certaine.

Elle l'est au point de vue de la loi politique ! Rien dans cette loi qui la contredise ou la combatte !

Elle l'est au point de vue de la loi civile ! Pas un texte de cette loi, même indirectement, ne s'y oppose.

Elle l'est au point de vue de la loi commerciale ! Elle décerne plusieurs peines ou plutôt plusieurs déchéances contre le failli non réhabilité, mais ces peines qui frappent le Commerçant, épargnent le Légionnaire.

Elle l'est, avant et par dessus tout, au point de vue de la loi pénale ! Car pour la solution affirmative, il ne faudrait rien moins qu'un texte, et ce texte n'existe pas.

Elle l'est enfin, au point de vue des règles d'une saine interprétation, de la logique et de la morale ! Car autrement ces règles seraient ouvertement violées.

Mais que dis-je ? la solution contraire n'a pas besoin de texte, et cependant il en est plus d'un dont elle peut s'étayer.

Lisez attentivement les art. 40, 41, 46 du décret organique de la Légion-d'Honneur (22 mars 1852) et combinez-les avec l'art. 2, et au besoin l'art. 5 du décret du 4 novembre suivant, régulateur de l'action disciplinaire établie par le premier de ces décrets.

Ou nous nous trompons étrangement, ou il en jaillit *textuellement* cette conséquence, — que nul ne peut être privé des droits et prérogatives de la Légion-d'Honneur, qu'en vertu d'un jugement criminel, correctionnel ou de police, ou bien encore d'un acte ou décret du Chef de l'État suspendant ou excluant de la Légion par suite d'une condamnation correctionnelle.

Est-ce clair ?

Donc, des textes formels le déclarent, donc, en dépit de la constitution de l'an VIII et des art. 38 et 39 du décret du 22 mars 1852; donc, nulle suspension, nulle exclusion, nulle privation des droits de la Légion-d'Honneur sans un jugement préalable — rendu par une Cour d'assises, un Conseil de guerre, un tribunal correctionnel ou un tribunal de simple police; mais jamais, dans aucun cas, sans en excepter celui d'une faillite non suivie de réhabilitation, jamais par un *tribunal de commerce* !

On le voit, au lieu de ne raisonner qu'en jurisconsulte et de ne consulter que la raison juridique, le Droit, nous avons encore soigneusement interrogé la raison logique et morale. Or, pour toutes les nations chrétiennes et surtout pour la France, droit, logique, morale, sont, sous plus d'un aspect, des choses identiques.

Et maintenant, s'il est parmi vous, lecteurs, un homme, un Légionnaire déjà frappé ou menacé de l'application illégale, illogique, immorale de l'art. 259 du Code pénal, — ne craignez rien, leur dirons-nous! Cette croix, ce ruban que vous avez acquis au prix de vos sueurs ou de votre sang, le mérite, l'honneur, la gloire vous l'ont donné! le démérite, le déshonneur, la honte peuvent seuls vous l'ôter! Quand donc un jurisconsulte ou un légiste, enlaçant votre esprit, peu initié aux mystères du Droit, dans les filets d'une dialectique sans base et sans appui solides, placeront votre noble cœur sous le glaive doublement menaçant d'une Constitution défunte, et d'un décret inapplicable, — contentez-vous de lui répondre avec ce simple bon sens et cette raison naturelle qui jugent d'un arbre par ses fruits, et d'un principe par ses conséquences :

« Eh quoi ! si pendant l'émigration de 93, un Montmorency, un La Rochejaquelin et tant d'autres héritiers d'un grand nom, avaient été contraints de demander au commerce leur pain de chaque jour, et, que victimes d'un sinistre ou d'un crime commercial, ils eussent été forcés de déposer leur bilan — vous les eussiez frappés de déchéance nobiliaire, vous leur eussiez ravi les titres de cette *noblesse*, brevet anticipé de la Légion-d'Honneur de leurs aïeux ! — Mais ne remontons pas si haut et ne cherchons pas des exemples hors des frontières de la France. Eh quoi ! si aujourd'hui un de ces braves, un de ces héros, ou bien encore, un de ces hommes illustres qui, sur le champ de bataille ou dans le silence du cabinet, se sont couverts d'une gloire immortelle, et ont été si justement décorés du signe du mérite militaire et civil, — si, dis-je, par impossible, un de ces hommes, qu'il s'appellât Kléber, Masséna, Mollien, Périer, Guizot ou Pélissier, etc., atteint d'un de ces coups de foudre qu'on nomme révolution, disait momentanément adieu à son épée ou à sa plume, pour courir les hasards du commerce, et qu'un autre coup de foudre, un coup de foudre *financier* emportât, le lendemain de l'achat de ses premières marchandises, les fonds destinés à en payer le montant, — eh quoi ! vous oseriez arracher de sa poitrine cette croix qui le décore, lui, et avec lui, le pays qu'il a illustré ? Allons donc ! Non, non, vous dis-je, vous ne l'oseriez pas ! L'absurde a ses limites !! »

Après cela, argumentez, ergotez, tant qu'il vous plaira !

Votre cause est jugée — et perdue !!

NOTE.

La question traitée dans cet opuscule est une de celles qu'à coup sûr les jurisconsultes du seizième siècle eussent classé parmi les *Selectæ quæstiones*. Nous l'avons étudiée à titre de gymnastique juridique, non moins que dans un but d'utilité générale.

Au nombre des questions de même nature, est celle, si intéressante, de savoir si le milicien ou garde national failli et non réhabilité que la loi algérienne et métropolitaine excluent des contrôles établis *ad hoc*, cesse de faire partie de la milice ou garde nationale. — Il semble tout d'abord que l'exclusion *avant* l'inscription sur les contrôles, n'implique l'idée d'exclusion *après* cette inscription. — *Rationnellement*, la chose devrait être ainsi ; mais en est-il de même *juridiquement* ? Nous ne le pensons pas. — L'exclusion *après*, c'est la révocation ou la *destitution*. — Or, la destitution est une peine, et la loi ne la prononce pas. C'est peut-être, c'est sans doute là une lacune ; mais au législateur seul le droit de la combler ! Il semble aussi que le tuteur *exclu* peut, par cela seul, être *destitué*, si la cause d'exclusion l'atteint après son entrée en tutelle. — Et cependant, pour que cela fût, il n'a rien moins fallu qu'un texte formel qui n'est pas un pléonasme, car à plusieurs reprises, notamment à l'égard des députés et des pairs frappés de *destitution* après leur élection, la loi a cru devoir s'en expliquer clairement. — Nous ne saurions trop le répéter, tout est de droit strict, tout doit résulter d'une disposition formelle en matière *pénale*. — Il ne s'agit pas là de savoir ce qui *doit être*, mais bien ce *qui est*, on regard d'un texte précis.

Alger. — Imp. de A. Bouaart, rue Sainte, 3.

Documents manquants (pages, cahiers...)

NF Z 43-120-13